BEI GRIN MACHT SICI WISSEN BEZAHLT

- Wir veröffentlichen Ihre Hausarbeit,
  Bachelor- und Masterarbeit

- Ihr eigenes eBook und Buch -
  weltweit in allen wichtigen Shops

- Verdienen Sie an jedem Verkauf

Jetzt bei www.GRIN.com hochladen und kostenlos publizieren

Bibliografische Information der Deutschen Nationalbibliothek:

Die Deutsche Bibliothek verzeichnet diese Publikation in der Deutschen National-bibliografie; detaillierte bibliografische Daten sind im Internet über http://dnb.d-nb.de/ abrufbar.

Dieses Werk sowie alle darin enthaltenen einzelnen Beiträge und Abbildungen sind urheberrechtlich geschützt. Jede Verwertung, die nicht ausdrücklich vom Urheberrechtsschutz zugelassen ist, bedarf der vorherigen Zustimmung des Verla-ges. Das gilt insbesondere für Vervielfältigungen, Bearbeitungen, Übersetzungen, Mikroverfilmungen, Auswertungen durch Datenbanken und für die Einspeicherung und Verarbeitung in elektronische Systeme. Alle Rechte, auch die des auszugsweisen Nachdrucks, der fotomechanischen Wiedergabe (einschließlich Mikrokopie) sowie der Auswertung durch Datenbanken oder ähnliche Einrichtungen, vorbehalten.

Impressum:

Copyright © 2017 GRIN Verlag
Druck und Bindung: Books on Demand GmbH, Norderstedt Germany
ISBN: 9783668507753

Dieses Buch bei GRIN:

https://www.grin.com/document/372956

Kira Steinmann

**Doing-Gender in der Polizei. Ist die Polizei noch immer
von einer männlichen Arbeitskultur beherrscht?**

GRIN Verlag

GRIN - Your knowledge has value

Der GRIN Verlag publiziert seit 1998 wissenschaftliche Arbeiten von Studenten, Hochschullehrern und anderen Akademikern als eBook und gedrucktes Buch. Die Verlagswebsite www.grin.com ist die ideale Plattform zur Veröffentlichung von Hausarbeiten, Abschlussarbeiten, wissenschaftlichen Aufsätzen, Dissertationen und Fachbüchern.

Besuchen Sie uns im Internet:

http://www.grin.com/

http://www.facebook.com/grincom

http://www.twitter.com/grin_com

Universität Bielefeld

Fakultät für Soziologie

Semester: WS 2016/2017

Soziologie der (Kriminal-)Polizei (S)

TITEL

Doing-Gender in der Polizei

Beherrscht die Polizei noch immer eine männliche Arbeitskultur?

Hausarbeit von: Kira Steinmann

Abgabetermin: 18. April 2017

Inhaltsverzeichnis

1. Einleitung: Die männliche Arbeitskultur der Polizei im Wandel

"Geschlechterunterschiede sind eine biologisch vorgegebene, von außen auferlegte Beschränkung für alle Formen sozialer Organisationen, die Menschen erfinden können" (Goffman 1994: 127f).

Die Polizei ist geprägt von dem typischen Bild der Männlichkeitskultur. Aufgrund der Härte, welchen diesen Beruf wiederspiegelt, konnte sich bis vor einem Jahrhundert noch nicht vorgestellt werden, dass Frauen, welche als so zerbrechlich scheinen, diesen ausüben können und auch werden. Seit der Emanzipation der Frau aber fängt sich dieses Bild an zu wandeln.

In dieser Hausarbeit wird es darum gehen, wie Frauen in der Polizei angekommen sind und ob in dieser noch eine männliche Arbeitskultur herrscht. Somit wird im ersten Teil des Hauptteils auf die Definition von Doing-Gender eingegangen und welchen Bezug dieser Begriff zu dem Thema der Hausarbeit hat. Anschließend wir das Konzept der Organisationskultur thematisiert und erläutert, woraufhin anschließend die Polizeikultur dargestellt wird. Der Hauptfokus liegt bei den nächsten Kapiteln. Im folgenden Abschnitt wird der Wandel der Frau in der Polizei dargestellt. Hier wird die Entwicklung vom Eintrittspunkt der Frau in die Polizei bis hin zu dem Punkt, als die Polizei für die Frau voll zugänglich war, analysiert. Daraufhin wird die Frau in der Polizei heute in Betracht genommen, seitdem diese für sie erreichbar war. In diesem Teil wird geschaut, wie die Frau aufgenommen wurde, wie ihre Chancen sind und wo noch immer Nachteile und Ungleichheiten für die Frau herrschen. Nachfolgend werden die Ergebnisse auf Goffmans Theorie 'Das Arrangement der Geschlechter' bezogen. Hier wird Goffmans Theorie dargelegt und mit dem Wandel und der Integration verglichen und analysiert. Zuletzt kommt noch das Fazit, in welchem geklärt wird, ob die Polizei schließlich noch eine männliche Arbeitskultur beherrscht oder ob die Frau komplett in dieser angekommen ist und akzeptiert wird.

2. Hauptteil: Analyse des Wandels in der männlichen Arbeitskultur

2.1. Definition Doing-Gender

Um die Geschlechterrollen in der Polizei analysieren zu können, ist es hilfreich, die in den in der Soziologie häufig vorkommenden Begriff 'Doing-Gender' zu erläutern. Dieser Begriff hängt nämlich mit den Entwicklungen des allgemeinen Geschlechter-Wandels zusammen.

Der Begriff 'Gender' bedeutet zunächst das grammatikalische Geschlecht, im wissenschaftlichen Gebrauch auch soziales Geschlecht genannt. 'Gender' wird getrennt von dem Begriff 'Sex', welcher das biologische Geschlecht widerspiegelt. Er soll die "Annahme [...] verdeutlichen, dass die Sozialisation der Individuen für die Geschlechterzugehörigkeit bzw. Geschlechtsidentität verantwortlich ist" (uni-bielefeld o.J.) und so die Veränderbarkeit des Geschlechts in den Blickpunkt rücken. 'Gender' stellt soziale Zuschreibungen, welche stetig veränderbar sind, da sie Interaktionen und Ordnungen konstruieren (vgl. uni-bielefeld o.J.). So sind auch die Vorstellungen von Männern und Frauen veränderbar, welche in Bezug zu vermeintlichen geschlechtsspezifischen Fähigkeiten, Zuständigkeiten und Identitäten stehen (vgl. uni-duisburg-essen o.J.)

'Doing-Gender' ist schließlich ein erweiterter Gender-Begriff und "kann als umfassendes Konzept verstanden werden, wie Menschen innerhalb ihres Alltags versuchen, soziale Ordnung herzustellen und aufrechtzuerhalten" (Pfeil 2005: 22). Wie hier schon beschrieben, wird die Geschlechtszugehörigkeit im Alltag hergestellt und Geschlechterunterschiede gestalten sich in jeder einzelnen Interaktion neu. Das Verhalten gegenüber Geschlechtern konstituiert sich anhand von Werten, Normen und Erfahrungen. So sind "Geschlechtsunterschiede [...] soziale Konstruktionen, die in einer lebenslangen Interaktion erworben und wiederholt werden" (Pfeil 2005: 23). Da die Geschlechtszuweisung schon bei Geburt getroffen wird, wird sie ein Leben lang erhalten bleiben (vgl. Pfeil 2005: 23f), somit wird Geschlecht "gedacht, erkannt und geschaffen" (Pfeil 2005: 24).

Dadurch, dass 'Doing-Gender' auf dem Hintergrund von vorhandenen Vorstellungen und realen Bedingungen von Geschlecht konzipiert wird (vgl. Pfeil 2005: 25), waren Frauen eine lange Zeit in der Polizei als nicht richtig angesehen. Wie das Klischee so sagt, sind Männer von der Dominanz geprägt, wohingegen Frauen diesen unterworfen sind (vgl. Pfeil 2005: 24). So haben nach klassischen Ansichten Frauen keinen Platz in der Polizei. Die Institutionalisierung von der Geschlechterhierarchie jedoch zählt als grundlegendes Strukturmerkmal der Vergeschlechtlichung von Arbeit (vgl. Pfeil 2005: 29), weshalb Frauen mittlerweile kein seltenes und fremdes Bild in der Polizei oder generell in eher männlichen Berufen sind.

2.2. Konzept der Organisationskultur

Die Analyse der Organisationskultur beschäftigt sich mit den Fragen und Aktivitäten rund um die Identität der Organisation und derer Mitglieder. Solche Fragen können beispielsweise sein: 'Wer sind wir?' oder 'Was unterscheidet uns von anderen?' (vgl. Behr 2006: 18). Sie bezieht sich traditionell auf Fragen der Humanisierung der Arbeitswelt, wie zum Beispiel die Zufriedenheit gesteigert werden kann und auf die Erhöhung von Leistungsfähigkeit der Organisation (vgl. Behr 2006: 21). Ebenso zeichnet sich die Organisationskultur durch ihre Kommunikationskultur- wie miteinander geredet wird-, wie auch durch die Streitkultur- wie mit Interessenkonflikten umgegangen wird- und wie Entscheidungen getroffen werden, aus (vgl. Behr 2006: 48).

Zu Organisationen gehört bekanntlich auch die Polizei. Laut Behr ist es jedoch strittig, inwiefern die Polizei als eine Organisation verstanden werden kann, da sie nicht versucht, sich aus dem Dienstleistungsbereich abzusetzen, allerdings keineswegs von der Organisation her mit anderen öffentlichen Organisationen, wie zum Beispiel Krankenhäuser oder Flughäfen, zu vergleichen sind (vgl. Behr 2006: 21f). Die Polizei weist somit als staatliche Institution einige Besonderheit auf, die sie von anderen trennen. Das können beispielsweise Aufgabenstellung und die Struktur auf gesetzliche Grundlagen sein, wie auch, dass das Gewaltmonopol omnipräsent ist (vgl. Pfeil 2005: 112). Ahlf schreibt so 2000: "Polizeikultur umschreibt also lediglich typische polizeiliche Handlungen, Symbole, Zeremonien, Rituale, Stile usw., die natürlich von der jeweiligen Organisationsstruktur (den harten Faktoren), aber auch von den praktizierten Werthaltungen, Normen, Orientierungsmustern, Leitbildern usw. (den sog. weichen Faktoren) abhängig sind" (2000: 100). Seit die Polizei institutionell erfasst ist, besteht weiterhin noch ein Problem der Legitimation (vgl. Behr 2006: 24). So wird sich bemüht, ein neues Verständnis der Polizei einzuführen, um die Kluft überwinden zu können. Dies erweist sich jedoch aus gegeben Gründen als sehr schwierig (vgl. Behr 2006: 22). "Für die Etablierung einer ernstzunehmenden Organisationskultur der Polizei (Polizeikultur) ist es daher zwingend erforderlich, sich über das Arbeitsethos von Polizisten zu verständigen" (Behr 2006: 48), damit die Polizei vollständig integriert werden kann.

5

2.3. Wandel des Verhältnisses zwischen Männern und Frauen

"Polizei? Das ist ein Männerberuf" (Schiller 2016). Diese Aussage kennt wohl jeder Bürger, denn ursprünglich waren in der Polizei nur Männer tätig und Frauen in ihr undenkbar. Der Begriff der Polizei wurde bereits im 14. Jahrhundert in Frankreich unter 'la police' bekannt (vgl. Wentz o.J.: 1). Schon seit mehreren Jahrhunderten sind Männer damit beschäftigt, die Bevölkerung und ihr Land vor Kriminalität und Überfällen zu schützen. Erst im Jahre 1903 trat die erste Frau in die Schutzpolizei in Stuttgart ein, über ein halbes Jahrtausend später (vgl. Weihmann 2009: 15).

So begann der Wandel der Polizei. Anfang der 20. Jahrhunderts traten immer mehr Frauen in die Polizei ein. Zu Beginn wurde das Augenmerk stark auf die sozialarbeiterischen Fähigkeiten der Polizeibeamtin gelegt (vgl. Pfeil 2005: 79), welche sodann vorerst hauptsächlich die Fürsorge als Aufgabe hatte, wie zum Beispiel Jugend- oder Familienfürsorge. So stellte sich ein deutlicher Unterschied zwischen männlichen Polizisten und weiblichen Polizeiassistentinnen heraus (vgl. Pfeil 2005: 80).

Mitte der zwanziger Jahre trat schließlich der Beginn der Weiblichen Kriminalpolizei (WKP) ein. In dieser beschäftigten sich Frauen mit Verbrechen mit Kindern und Frauen und waren in Verhandlungen erfolgreicher als die Männer zuvor. So fand eine Instrumentalisierung geschlechtsspezifischer Differenzen statt. Es wurde eine dauerhafte Grenzziehung zwischen männlicher Polizeiarbeit und weiblicher Fürsorgearbeit vernommen (vgl. Pfeil 2005: 81). Im Laufe der Weimarer Zeit wurde die WKP immer weiter gestärkt und gefördert, was im Nationalsozialismus schließlich aber verrufen wurde. Die Folge war, dass verheiratete Frauen ihren Dienst aufgeben mussten. Schließlich sollte die WKP aufgelöst werden, sie konnte jedoch durch stille und heimliche Arbeit erhalten bleiben, was bis auf Weiteres erfolgreich blieb. Später folgte jedoch die Verstaatlichung (vgl. Pfeil 2005: 83). Auf Grund dieser Verstaatlichung folgte einerseits die "Ent-Vergeschlechtlichung der weiblichen Polizei durch die nationalsozialistischen Gremien" (Pfeil 2005: 84), da beispielsweise die Jugendkonzentrationslager Moringen 1940 und Untermark 1942 durch die WKP geleitet wurden. Andererseits wurden aber weiterhin noch verheiratete Frauen aus dem Dienst entfernt, um der Pflicht als Hausfrau nachzugehen (vgl. Pfeil 2005: 84).

Nach dem Krieg erfolgte anschließend größtenteils die Integration von Frauen in die Polizei, was auf einen Mangel an geeigneten Männern für den Dienst zurückzuführen war. Dennoch wurden Frauen aber "zunehmend aus dem uniformierten Dienst zurückgedrängt [...]; Frauen wurden auf Tätigkeiten im Innendienst verwiesen" (Pfeil 2005: 84f). Schließlich ging dies soweit, dass auf Uniformierung von Frauen verzichtet wurde (vgl. Pfeil 2005: 85).

Im Laufe der Zeit wurde diskutiert, ob die WKP noch brauchbar ist und es wurde beschlossen, dass Frauen für kriminalpolizeiliche Aufgaben zugeschrieben werden können. So löste sich 1975 die WKP auf und die Frau ist schließlich Gegenstand der Polizei. "Mit der Öffnung der Kriminalpolizei für Frauen begann eine neue Phase in der Integration von Frauen. Der Beruf Kriminalpolizistin wurde für Frauen Realität" (Pfeil 2005: 86), dieser Schritt ist ein großer, was den Strukturwandel der Polizei betrifft. Wenig später nach Einbindung der Frau in die Kriminalpolizei erfolgte Ende der siebziger Jahre auch die Einbindung in die Schutzpolizei (vgl. Pfeil 2005: 86). In den achtziger Jahren fand somit langsam ein Umbruch statt und es hieß: Frauen können doch Polizei" (boeckler 2013). Anfangs hatten es Frauen in der Schutzpolizei allerdings noch sehr schwer. 1982 waren in Nordrhein-Westfalen beispielweise nur 74 von 1661 Nachwuchspolizisten Frauen, für welche es nicht einmal vernünftige und passende Uniformen gab (vgl. boeckler 2013). 1990 stellte letztendlich Bayern als letztes der alten Bundesländer Frauen als uniformierte Polizeibeamtinnen ein, um der Forderung der Gleichberichtigung nachzugehen (vgl. Pfeil 2005: 87). Zu Beginn gab es nur eine eingeschränkte Verwendung für Frauen, ebenfalls waren sie in einer Art 'Probezeit', um schauen zu können, ob sie wirklich für den Beruf geeignet sind (vgl. Pfeil 2005: 87).

1991 nahm die Entwicklung ihr vorläufiges Ende, "dass Frauen grundsätzlich Zugang zu den Polizeiverbänden von Bund und Ländern zu gewähren ist (Pfeil 2005: 88). Damit konnten sich Frauen nun auch für den gehobenen Dienst ausbilden lassen. Aufgrund der schnellen Dynamik kommt es 1993 dazu, dass sich Männer benachteiligt fühlen und Angst vor der Bevorzugung der Frau haben (vgl. Pfeil 2005: 92f). Konkurrenz ist somit im Wandel ein großes Thema, da der Diskursverlauf zu "einer Re-Thematisierung in Form von weiblicher Bevorzugung, männlicher Benachteiligung führt" (Pfeil 2005: 214). Diese Ängste und vor allem auch Vorbehalte stammen hauptsächlich von Männern, welche noch nie mit Frauen zusammen gearbeitet haben (vgl. Pfeil 2005: 93). Franzke geht sogar so weit, dass Frauen "als störendes Element in einer funktionierenden Männergesellschaft wahrgenommen" werden (Pfeil 2005: 91).

Dieses Denken mag wohl auch daran liegen, dass viele Männer noch immer denken, dass die "Polizei [...] als männlicher Beruf konstruiert [ist] und [...] weibliche Fähigkeiten und Bedingungen nicht [berücksichtigt]" (Pfeil 2005: 99). Frauen müssen folglich erst beweisen, dass sie gut sind. Bei Männern wird von der Eignung dahingegen schon ausgegangen (vgl. Pfeil

2005: 104). Auch 1997 stellt Franzke in Interviews fest, wie konservativ die Einstellung von manchen männlichen Polizeibeamten noch ist und wie diese den stereotypen Rollenbildern nachgehen. Diese Gedanken führen zu Ungleichgewicht, zu Ungunsten der Frau (vgl. Pfeil 2005: 92). So sagt Behr, dass die Polizei eindeutig eine männlich geprägte Organisationskultur ist (vgl. Pfeil 2005: 105), welches die Aussage von Dagmar Hölzl- Bundesfrauenvorsitzende der Gewerkschaft der Polizei (GdP)- noch bestärkt: Man hat den Polizeiberuf lange nur körperlich gesehen: Männlich konnotierte Attribute wie Kraft, Stärke, Ausdauer und Durchsetzungsvermögen waren dabei besonders wichtig" (boeckler 2013). Hierdurch und durch die Anerkennung der Fürsorge der Frau wird ständig ein 'doing women' vollzogen (vgl. Pfeil 2005: 99). Dass es von Anfang an ein Kampf gegen Klischees war, ist somit nicht zu revidieren (vgl. boeckler 2013). Des Weiteren stehen Frauen in Bezug auf Ausfallzeiten und Schwangerschaften permanent in der Kritik, was ebenfalls zur Konstruktion von Geschlechterdifferenzen in der Polizei beiträgt (vgl. Pfeil 2005: 214). Die Folge ist, dass die Hierarchisierung von Geschlecht zu einer Abwertung der Frau führt (vgl. Pfeil 2005: 219).

Die (De-)Thematisierung von Geschlecht wird als rekursiver Prozess bezeichnet. So sind die "Geschlechterverhältnisse in der Polizei [...] von einem Kontinuum aus Egalität und Differenz geprägt" (Pfeil 2005: 218). Das Spannungsfeld zwischen Egalität und Differenz bleibt bestehen, da Frauen gleich behandelt werden (sollen), somit wie jeder andere männliche Polizist auch. Jedoch auch als Frau, da sie teilweise vielleicht nicht das leisten kann, wie es Männer tun. Damit muss die Integration der Frau different betrachtet werden (vgl. Pfeil 2005: 207). Ein Beispiel für das Behandeln einer Frau als weibliche Kollegin ist die Sorge um diese und dass ihnen etwas zustoßen könnte, welche sich Kollegen bei beispielsweise Einsätzen machen (vgl. Pfeil 2005: 205). Grund hierfür sind vor allem die körperlichen Differenzen, wie Gewicht, Größe oder Stärke. Diese Punkte werden als unüberbrückbare Kriterien angesehen (vgl. Pfeil 2005: 213). So gab es 2005 zum Beispiel noch die Vorgabe, dass nicht zwei Polizistinnen alleine Streife fahren dürfen, also ohne männlichen Kollegen. Grund hierfür war auch die Sorge, wie auch die Bedenken, sie könnten sich nicht gut genug gegenüber gewaltbereiten Mitmenschen durchsetzen (vgl. Pfeil 2005: 211).

Durch die Emanzipation und den Zuwachs der Frau durchläuft die Polizei einen Prozess eines grundlegenden Organisationswandels (vgl. Pfeil 2005: 200). Dadurch, dass Frauen bei der Polizei keine Seltenheit mehr sind, sind die Zeiten, in denen diese bestaunt oder als 'Exotinnen'- wie Pfeil sagt- betrachtet werden, vorbei (vgl. Pfeil 2005: 202). Aufgrund dessen soll sich auch das Klischee der Frau gelegt haben, welches vorher besagte, Frauen kümmern sich in der Polizeiarbeit um Kinder und Familienstreits (vgl. Pfeil 2005: 167). Dennoch war es selbst 2000 noch auffällig, dass Frauen eher Aufgabengebiete wie Sexualdelikte, Familienstreitigkeiten oder Kinder übernahmen (vgl. Pfeil 2005: 96).

Generell, so schreibt Pfeil, sind aber keine Unterschiede zwischen Frauen und Männern erkennbar. Sie unterscheiden sich lediglich über verschiedenen Fähigkeiten und Neigungen. Damit sind auch Geschlechterdifferenz und Geschlechtergleichheit variabel miteinander verwandt, da sie sich ergänzen, aber auch widersprechen (vgl. Pfeil 2005: 167). Nach diesem Wandel ist schließlich auch die Frage nach der Eignung der Frau verflogen. Denn anschließend stand die Frage nach Akzeptanz im Raum, wie also Frauen in der Polizei vor allem von ihren männlichen Kollegen und Vorgesetzten respektiert und akzeptiert werden. Weiterhin bleiben also auch noch 2000 Frauen in der Polizei ein großes Thema, auch wenn kaum noch jemand Probleme mit Zusammenarbeit hat (vgl. Pfeil 2005: 95). Dies scheint auch daran zu liegen, dass schon Anfang der 2000er Jahre die Ausbildungsquoten und Führungspositionen von weiblichen Polizistinnen stetig zunahmen (vgl. Pfeil 2005: 184).

In Folge dieser Ergebnisse des Wandels kann nun gesagt werden, dass die "strukturelle Gliederung der Polizei [...] einer weitgehend konstante vertikale Segregation [zeigt]" (Pfeil 2005: 183).

2.4. Analyse der Geschlechterrollen heute

"Die Gleichstellung von Frauen und Männern ist durchgängiges Leitprinzip und soll bei allen politischen, normgebenden und verwaltenden Maßnahmen der Bundesministerien in ihren Bereichen gefördert werden (Gender-Mainstreaming)"

(Bundesregierung 2011)

Diese Geschäftsordnung ist in den Verwaltungsvorschriften des Bundesministeriums verhängt. Doch trotz dieser Ordnung gibt es in den letzten Jahren bis heute noch viel Ungleichheit vor allem in 'Männerberufen', wie der Polizei.

So fließen beispielsweise Vorurteile und Geschlechterstereotype weiterhin in die Beurteilung mit ein. Ein gutes Beispiel ist hierfür, dass Frauen Probleme in der praktischen Beurteilung oft nicht gut abschneiden und dies den Aufstieg hindert, obwohl sie in der Regel bessere Schulabschlüsse haben (vgl. boeckler 2013). Behr schreibt: "Man kann sich seines Geschlechts nicht entkleiden" (2010: 138), somit scheint die geschlechtliche Differenzierung ein

9

unumgängliches Moment der sozialen Ordnung zu sein (vgl. Pfeil 2005: 222). Zum Nachteil aller Frauen. So werden Frauen genauer beobachtet als Männer und ihre Aktivitäten haben Konsequenzen, welche sich auf das Geschlecht beziehen (vgl. Behr 2010: 133). Außerdem besteht ein Widerspruch. Einerseits wird gesagt, Männer und Frauen können und tun das gleiche, andererseits werden immer wieder die Geschlechtsunterschiede hervor gehoben (vgl. Pfeil 2005: 213). Aus diesem Grunde "brauche es mehr Sensibilisierung für Geschlechterfragen bei den Vorgesetzten und stärker objektivierbare Kriterien bei den Beurteilungen" (boeckler 2013). Die Studie „Beurteilungen im Polizeivollzugsdienst – Gewährleistung der Gleichstellung der Geschlechter" der Hans-Böckler-Stiftung hat untersucht, ob eine strukturelle Diskriminierung der Frauen vorliegt. In der Beurteilung dieser ging heraus, dass eine klare Schieflage zum Nachteil der Frauen vorliegt und es diverse Mechanismen gibt, welche Frauen benachteiligen (vgl. boeckler 2013), einer ist beispielsweise, dass die Arbeit nicht familienfreundlich ist. Des Weiteren herrscht schon seit langem ein Dauerkonflikt, ob Frauen gleichwertige oder sogar bessere Arbeit leisten (vgl. Behr 2010: 136). Vorteile von Polizistinnen sind nämlich zum Beispiel der sensiblere Umgang mit schwierigen Menschen in schwierigen Situationen, sie können sich besser in andere hinein fühlen als Männer, verhalten sich gegenüber Kindern und misshandelten Frauen menschlicher und sorgen für ein angenehmeres Betriebsklima (vgl. Behr 2010: 132f).

Dies ist ein Grund, warum der Neid der Männer auf Frauen zum Vorschein kommt (vgl. Behr 2010: 132). Viele Männer empfinden den Zugang von Frauen als Besetzen eines von ihnen besetzten Arbeitsfeldes (vgl. Behr 2010: 131) und haben somit Angst, benachteiligt zu werden. Männer sehen zu Anfang die Unterschiedlichkeit und Vielfalt als eine Art Bedrohung an (vgl. Behr 2010: 136) und sind diejenigen, welche das Geschlechterverhältnis vor Eintritt der Frau hauptsächlich thematisiert haben (vgl. Behr 2010: 135). Außerdem besteht Irritation, da Frauen das Gleiche tun wie Männer, jedoch mit weniger Aufwand. So können sie beispielsweise aus 'besseren' Gründen einfach fehlen und weniger Stunden machen, ein Beispiel hierfür ist der Mutterschutz (vgl. Behr 2010: 131).

Aus diesem Grund müssen Frauen auch oft damit leben, dass sie als Unsicherheitsfaktor dargestellt werden, da sie Kinder bekommen können und eine Schwangerschaft somit der Arbeit im Weg steht (vgl. Behr 2010: 132). Dadurch scheint der Blick der männlichen Kollegen auf ihre Kolleginnen auch oft ambivalent zu sein. Frauen sind einerseits nützlich, da sie größeres Einfühlsvermögen besitzen und eine pazifizierende Wirkung auf Männer haben, was auch ihre Begehrtheit durch die erotische Attraktivität widerspiegelt. Andererseits sind sie aber durch ihre körperliche Unterlegenheit und der Schwangerschaften auch entbehrlich (vgl. Behr 2010: 131). Aufgrund der Begehrtheit und auch der Entbehrlichkeit müssen Frauen noch immer gegen stereotype Zuschreibungen kämpfen (vgl. Behr 2010: 137). So wird die Weiblichkeit zum Beispiel mit Schwäche und Schutzbedürftigkeit gleichgesetzt (vgl. Behr 2010: 135). Daher gehören Polizistinnen für viele Männer auch heute noch in Beziehungsarbeit und 'Emotionsmanagement' (vgl. Behr 2010: 133). Insgesamt stehen Frauen eher hinter dem Orientierungsmuster der Fürsorgeperspektive, wohingegen Männern die Gerechtigkeitsperspektive wichtiger ist (vgl. Behr 2010: 140).

Frauen haben wie Männer auch die gleichen Möglichkeiten, wie gleiche Aufnahmeprüfungen und gleiche Aufstiegsverfahren, somit ist der Zugang zu aufstiegsrelevanten Maßnahmen gleich (vgl. Pfeil 2005: 186f). Dennoch sind diese für Frauen strukturell schwieriger zu erreichen, da oftmals die Anforderungen entgegen dem privaten Alltag stehen (vgl. Pfeil 2005: 187). Frauen sind oftmals nicht so auf die Karriere betont, wie Männer. Dies kommt dadurch, dass ihnen eine Familie gründen in der Regel wichtiger ist und aus diesem Grund sind Frauen auch vor allem in der Polizei nicht so oft in Führungspositionen zu sehen (vgl. Pfeil 2005: 188). Somit sind vor allem für Mütter, die nicht in Vollzeit arbeiten und kürzer treten, die Aufstiegschancen geringer (vgl. boeckler 2013). Daher kommt es, dass Frauen niedrigere und Männer höhere Positionen haben (vgl. Pfeil 2005: 96). Zentral für den Aufstieg und die Integration sind vor allem Akzeptanz durch den Vorgesetzten und auch durch Kollegen. Die Haltung des Vorgesetzten ist außerdem verantwortlich für die Chancen der Frau und einen fairen Umgang mit diesen (vgl. Pfeil 2005: 206). Die Haltung ist auch an das Geschlecht und auch an die Historie gebunden. So ist die Bedeutung von Geschlecht hochvariabel (vgl. Pfeil 2005: 221). Es besteht eine Geschlechterdifferenz trotz gleicher Aufnahmevoraussetzungen (vgl. Pfeil 2005: 164). Obwohl gleiche Aufnahmevoraussetzungen bestehen, fehlt trotzdem noch immer eine gleichberechtigte Chance (vgl. boeckler 2013), welche wohl auch historisch bedingt ist. Denn "Geschlecht gilt wahlweise als biologische und/ oder sozialisationsbedingte Kategorie, die unveränderlich mit bestimmten Eigenschaften und Merkmalen verknüpft sind, die ungeachtet individuelle Befähigung zur leitenden Diskurskategorie in der polizeilichen Aufgabeverteilung wird" (Pfeil 2005: 166).

Auch noch heute wird das Gewaltmonopol durch Maskulinität repräsentiert. Die aggressive Maskulinität wird als hegemoniales Männlichkeitsmodell dargestellt (vgl. Behr 2010: 118), welches ein kulturelles Ideal und Orientierungsmuster laut Behr ist. Diesem liegt das 'doing gender' der meisten Männer zugrunde (vgl. 2010: 119). Behr schreibt ebenfalls, dass das

"Männlichkeitsideal bzw. die Selbstkonstitution einer Polizeimännlichkeit [...] sich durch die Markierung von Differenz zur Frau bzw. zur sozialen Kategorie Weiblichkeit [ergibt]" (2010: 133). Aufgrund der aggressive Maskulinität und der 'weichen' Seite der Frau beschreibt Pfeil die Befürchtung, dass reine Frauenstreifen nicht als zweckmäßig erscheinen und gemischte daher ideal wären (vgl. Pfeil 2005: 209).

Doch schon 2006 schien es normal und okay zu sein, wenn zwei Frauen Streife fahren (vgl. Behr 2010: 137). So lässt sich erkennen, dass Frauen in der Regel längst willkommen sind (vgl. boeckler 2013). Sie sind mittlerweile bekannt, akzeptiert und sogar auch erwünscht, was Pfeil schon 2005 in ihrem Buch schrieb (vgl. Pfeil 2005: 198). Dies hat sich auch bis heute nicht verändert, da auch die meisten Männer nicht mehr denken, die Polizei sei eine reine Männerdomäne (vgl. Behr 2010: 117). Diese sehen sie sogar als gute Kolleginnen an (vgl. Behr 2010: 136). Somit scheint schon 2005 die Integration als längst erfolgt, da Probleme und Schwierigkeiten eher individuelle Konflikte zwischen Mitarbeitern sind, so Pfeil (vgl. 2005: 199). Frauen sind nicht marginalisiert, sondern haben gleiche Rechte, Pflichten und Aufgaben wie ihre männlichen Kollegen auch. Dies trägt ebenfalls zu einem kollegialen Verhältnis bei (vgl. Pfeil 2005: 205). Trotzdem scheinen die körperlich fundierten Aufgaben aber noch Männern zugeteilt werden (vgl. Pfeil 2005: 213). Frauen werden akzeptiert, dies jedoch größtenteils auch nur, wenn sie so sind und arbeiten wie Männer (vgl. Behr 2010: 136). Gar nicht gerne wird zum Beispiel gesehen, wenn Polizistinnen Angst haben, ihre Fingernägel abzubrechen oder sich nicht 'die Hände schmutzig machen' wollen. Außerdem stellen Frauen mittlerweile keine Gefahr mehr für den männlichen Zusammenhalt dar. Sie sehen die Anwesenheit der Frau eher als Chance, um die Maskulinität zu zeigen (vgl. Behr 2010: 133).

Die Maskulinität ist allerdings auch ein Punkt, welcher sich zu ändern scheint, da sich mit zunehmendem Frauenanteil auch die Selbstbilder der Männer verändern (vgl. Behr 2010: 134). Aufgrund dessen haben Frauen erheblichen Anteil daran, dass Männlichkeit als 'prekäre gewordene Männlichkeit' zu beschreiben ist (vgl. Behr 2010: 130). Männer allerdings versuchen in der Phase der Verunsicherung und Prekarität ihre Männlichkeit zu verteidigen (vgl. Behr 2010: 131).

Durch Frauen fand eine Paradigmenverschiebung in polizeilicher Zuständigkeit statt. Diese fand sich vorher in der Gerechtigkeit, welche nunmehr mehr in der Fürsorge zu finden ist. Somit nimmt auch der Gedanke, der Kern des polizeilichen Handlungsrepertoires sei die Gewalt und die Vorstellung einer aggressiven Männlichkeit, immer mehr ab (vgl. Behr 2010: 117). Früher zeichnete sich die Polizei durch Distanz und Verteidigung, sowie Durchsetzung des staatlichen Gewaltmonopols aus. Heute liegt der Schwerpunkt auf individueller Konflikt-schlichtung und Einzelfallberücksichtigung (vgl. Behr 2010: 142), welches auf den Wandel der Frau in der Polizei zurückzuführen ist. Damit gehen die Aufgaben der Polizei weg von schierer Gerechtigkeitsüberwachung, hin in Richtung konkreten Schutz (vgl. Behr 2010: 144). Eingriffsformen und Zuständigkeiten haben sich damit auch erweitert (vgl. Behr 2010: 145).

Am 1. Juli 2016 gab es den Beschluss einer ausgeweiteten Frauenförderung. Dieser allerdings sorgte für Unmut, da Bevorzugung der Frauen und somit einhergehende Benachteiligung der Männer zu befürchten war (vgl. Teigeler 2016). Der Beruf wird für Frauen aber immer attrak-tiver und jeder fünfte Polizist ist 2016 bereits weiblich (vgl. Schiller 2016). Eine weitere Er-höhung des Frauenanteils in der Polizei ist angestrebt, weshalb es gezielte Fortbildungen für Frauen geben soll (vgl. Weihmann 2009: 20).

Durch diese ganzen Veränderungen geht es für die Frauen in Richtung 'Normalisierung' (vgl. Behr 2010: 145) und die Situation dieser hat sich schon 2010 nach 25 Jahren positiv verändert (vgl. Behr 2010: 137).

2.5. Bezug zu Goffmans Theorie 'Arrangement der Geschlechter'

In seinem Band 'Interaktion und Geschlecht' 1994 geht es in einem Kapitel um das Arrange-ment der Geschlechter. Goffman sieht das Geschlecht als Grundlage eines zentralen Codes (vgl. Goffman 1994: 105). Das Geschlecht wird bei der Geburt zugeordnet und infolgedessen wird eine Identifikationskette an das Geschlecht gebunden (vgl. Goffman 1994: 107). Diese Einordnung bewirkt eine lebenslange Geltung, sie liefert einen Prototypen einer sozialen Klassifikation (vgl. Goffman 1994: 108).

Aufgrund dieser Klassifikation haben auch viele Polizistinnen, vor allem am Anfang des Wandels, mit den an das Geschlecht gebundene Ideale und Vorurteile zu kämpfen. Dies wird ebenso darin bestätigt, dass die Zuordnung zu einer Geschlechtsklasse einen Sortierungsvor-gang herausbringt, der sich einer Sozialisation unterwirft. So werden Geschlechter unter-schiedlich behandelt, sie machen verschiedene Erfahrungen und an sie sind andere Erwartun-gen gebunden (vgl. Goffman 1994: 109). Damit ist jede physische Umgebung, jeder Raum und jedes Gehäuse- so Goffman- ein Mittel, das soziale Geschlecht darzustellen und die Iden-tität zu bestätigen (vgl. Goffman 1994: 147). Ein Beispiel hierfür ist die unterschiedliche Meinung, was Streife fahren betrifft. Männer haben ein unwohles Gefühl dabei, Frauen zu zweit auf Streife zu schicken, da sie denken, sie können sich im Ernstfall nicht genügend verteidigen und durchsetzen. An dieser Stelle wird die Identität aufgegriffen und bestätigt.

Die 'institutionelle Reflexivität' stellt einen Teil der Erklärung dar, wie Geschlechtsunterschiede als Garanten für das soziale Arrangement benannt wurden(vgl. Goffman 1994: 107). Folgende Beispiele sind Beispiele dieser institutionellen Reflexivität und Merkmale der Unterschiede zwischen Geschlechtern: (1) Zum einen wird die geschlechtsspezifische Arbeitsteilung genannt. Dies ist beispielsweise ganz klassisch die Aufteilung, die Frau kümmert sich um den Haushalt und der Mann geht arbeiten. Tritt die Frau dann auch noch einen Job an, der von Maskulinität geprägt ist, stößt es zu Anfang auf großes Unverständnis (vgl. Goffman 1994: 128f). (2) Merkmal zwei sind die Geschwister als Sozialisationsagenten. So werden Kinder beispielsweise seit Geburt an ihrem Geschlecht passend aufgezogen. So bekommen Mädchen beigebracht, im Haushalt zu helfen und Wäsche zu waschen, währenddessen die Brüder den Rasen mähen müssen und beim renovieren helfen (vgl. Goffman 1994: 129ff). (3) Der Umgang mit der Toilette ist ein weiterer Punkt. Aufgrund der beiden Geschlechter gibt es zwei Toiletten in der Öffentlichkeit, welche strikt zu trennen sind, da Geschlechter so verschieden sind (vgl. Goffman 1994: 132ff). (4) Aussehen und Arbeitsplatzvergabe nennt Goffman als vierten Punkt. Vor allem früher haben Frauen zum Beispiel oftmals einen Job als Assistentin des Chefs bekommen, damit sie ihm schöne Augen machen und er sie später einmal zur Frau nehmen kann (vgl. Goffman 1994: 134ff). (5) Als letzten Punkt führt der Autor das schlichte Identifikationssystem auf. Ein Beispiel hierfür kann sein, dass die äußere Erscheinung schon aus weiter Entfernung das Geschlecht zu erkennen gibt (vgl. Goffman 1994: 137ff). All diese Beispiele spiegeln das Klischee wieder und teilweise auch den Widerspruch, in welchen sich weibliche Polizisten begeben, da ihr sozialisiertes Geschlecht nicht dem Handeln entspricht, welches sie nun verfolgt.

Mit dem Satz "Ich behaupte, daß Genderismen [...] in einer Umwelt, die speziell für den Zweck ausgerichtet wurde, sie gewissermaßen heraufzubeschwören" (Goffman 1994: 146f) entstehen, beschreibt der Autor die klassische Sichtweise auf die Frauen, welche noch bis vor nicht allzu langer Zeit auf diese zutreffen musste. Goffman meint mit diesem Satz, dass Frauen sich ihrem Geschlecht zu beugen haben und das zu tun haben, wofür sie ursprünglich bestimmt wurden. Damit kann dies als ein Komplex des sozialen Geschlechts gender gesehen werden, welcher die soziale Folge der Funktionsweisen einer Gesellschaft thematisiert (vgl. Goffman 1994: 109). Aus diesem Komplex entstehen Idealbilder von Frauen und Männern (vgl. Goffman 1994:110). Wenn gegen diese Idealbilder verstoßen wird, galt es früher direkt als unanständig und ungehörig. Frauen entsprachen jedoch öfter mal nicht dem Idealbild, da meistens schon arbeiten und weiter noch körperliche oder männliche Arbeit als nicht weiblich und somit auch nicht als ideal angesehen wurde. Folglich sind Berufe für Frauen herkömmlicherweise solche, welche der Arbeit im Haushalt ähneln. Dies sind zum Beispiel, Putz-, Büro- oder Schreibkräfte (vgl. Goffman 1994: 134f).

In seinem Text bezieht sich Goffman auf Meads, welcher schreibt, dass Charakter kulturell determiniert ist. Frauen wären eigentlich so fähig wie Männer und könnten damit den Beruf in der Feuerwehr, oder auch der Polizei antreten. Aufgrund der Einseitigkeit der Vorstellungen und der Historie allerdings wird das männliche Geschlecht bevorzugt (vgl. Goffman 1994: 108).

Ein weiterer Punkt, welcher gegen die Frau in der Polizei laut Goffman angeführt werden könnte, ist die Handlungsweise des männlichen Geschlechts. Jungs und Männer prügeln sich öfter (vgl. Goffman 1994: 113) und sind damit gewaltbereiter, als auch aggressiver. Dies kann als Gegenargument für eine Polizistin genannt werden, da diese sich infolgedessen nicht so gut durchsetzen könnten. Damit einher geht auch der Punkt, dass Männer größer und stärker sind. Dies nutzen sie oft, um Frauen zu beschützen (vgl. Goffman 1994: 142) und diese somit als wehrloses hilfloses Geschlecht darzustellen, was wider rum nicht in der Polizei zu gebrauchen ist. Durch diese Klischees werden Frauen von Männern für zerbrechlich und kostbar gehalten, weshalb sie geschützt werden müssen (vgl. Goffman 1994: 118). Dies beschreibt Pfeil in ihrem Buch ausführlich, indem sie thematisiert, dass Männer auch aus dem Grund ungern mit Frauen Streife fahren, weil sie das Gefühl haben, diese noch beschützen zu müssen.

Außerdem besitzen Frauen einen niedrigeren Rang, weniger Macht und werden häufig aus der Kriegsführung und Jagd ausgeschlossen (vgl. Goffman 1994: 115). Hinsichtlich dieser Tatsache ist es für Frauen oft auch schwieriger, einen höheren Dienstgrad zu erreichen, was in der Analyse im vorherigen Kapitel schon klar herausgestochen ist. Somit steigen Frauen oft nicht nur aus qualitativen Gründen nicht auf, sondern auch wegen der Klischees.

"Was unserer Industriegesellschaft einen besonderen Anstrich gibt, ist [...] die Tatsache, daß ein Teil unserer Bürgerschaft die traditionelle Stellung der Frauen nicht mehr als natürlichen Ausdruck ihre natürlichen Fähigkeiten begreift" (Goffman 1994: 119). Mit diesem Satz bestätigt Goffman letztendlich die Entwicklung der Frau und die Emanzipation dieser. Dass die Frau zu mehr fähig ist, als ihr unterstellt wird.

3. Fazit: Beherrscht die Polizei noch immer eine männliche Arbeitskultur?

Die Frau hat in der Polizei einen enormen Wandel durchlaufen. Anfangs war eine Frau in der Polizei sehr ungewöhnlich, wurde weitestgehend nicht akzeptiert und auch nicht in der Schutzpolizei eingesetzt. Durch die Emanzipation der Frau aber konnten sich weibliche Polizistinnen beweisen und letztendlich einen sicheren Platz in diesem Berufsfeld erlangen. Auch wenn Frauen lange in der Polizei zu kämpfen hatten, vor allem mit Klischees und Vorurteilen. Mittlerweise werden sie akzeptiert und auch erwünscht. Ihre Fähigkeiten wurden erkannt und werden begrüßt, hier vor allen Dingen das Einfühlsvermögen. So ist es auch in anderen Berufen zu erkennen, welche einer männlichen Arbeitskultur unterlagen. Hier sind beispielsweise die Feuerwehr, Mechaniker oder Piloten zu nennen.

Auch wenn sich die Frau erfolgreich integrieren konnte, ist die Integration aber bei weitem noch nicht abgeschlossen. Es werden Förderungen für Frauen geplant und der weibliche Anteil soll weiterhin steigen. Des Weiteren haben sie noch immer mit Schwierigkeiten im Aufstieg und ihren Arbeitszeiten zu kämpfen, welche nicht familienorientiert sind.

"Und die Polizei wird weiterhin eine gute Arbeit abliefern können" (Pfeil 2005: 216). Diese Aussage, gesprochen von einem Interviewten von Pfeil, spiegelt die Auswirkungen der Öffnung für Frauen in die Polizei wieder. Somit lässt sich letztendlich sagen, dass Frauen in der Polizei angekommen sind. Bis der komplette männliche Faktor und die Sicht, Polizei sei ein Männerberuf, vergangen ist, ist es für die Frau allerdings noch ein langer Weg. Wegen der Entwicklung aber lässt sich vermuten, dass diese schon in ein paar Jahren abgeschlossen sein kann, wenn sich weitere Generationen an Frauen beweisen konnten. Die größte Hürde, die Akzeptanz, ist schließlich schon überwunden.

4. Literaturverzeichnis

Ahlf, Ernst Heinrich (2000): Ethik im Polizeimanagement. In: BKA Forschungsreihe, Bd. 42. Unter Mitarbeit von Bundeskriminalamt. 2. Aufl. Bönen: Druckverlag Kettler GmbH. Online verfügbar unter https://www.bka.de/SharedDocs/Downloads/DE/Publikationen/Publikationsreihen/BkaForsch ungsreihe/2_42_EthikImPolizeimanagement.html, zuletzt geprüft am 04.04.2017.

Behr, Rafael (2006): Polizeikultur. Routinen – Rituale – Reflexionen. Bausteine zu einer Theorie der Praxis der Polizei. Wiesbaden: VS Verlag für Sozialwissenschaften.

Goffman, Erving (1994): Interaktion und Geschlecht. Krankfurt am Main: Campus Verlag.

Meuser, Michael (2012): Entgrenzungsdynamiken: Geschlechterverhältnisse im Umbruch. Bundeszentrale für politische Bildung (bpb). Online verfügbar unter https://www.bpb.de/apuz/144851/entgrenzungsdynamiken-geschlechterverhaeltnisse-im-umbruch?p=all, zuletzt geprüft am 01.04.2017.

Molitor, Carmen (2013): Gleichberechtigung. Auch Frauen können Polizei. Hans-Böckler-Stiftung. Düsseldorf. Online verfügbar unter https://www.boeckler.de/42435_42445.htm, zuletzt geprüft am 04.04.2017.

o.V. (o.J.): Der Gender-Begriff. Universität Dusiburg-Essen. Online verfügbar unter https://www.uni-due.de/genderportal/gender.shtml, zuletzt geprüft am 04.03.2017.

o.V. (o.J.): Gender - Was bedeutet eigentlich gender? Universität Bielefeld. Online verfügbar unter https://www.uni-bielefeld.de/gendertexte/gender.html, zuletzt geprüft am 04.03.2017.

o.V. (2011): Gemeinsame Geschäftsordnung der Bundesministerien. Die Bundesregierung. Online verfügbar unter http://www.verwaltungsvorschriften-im-internet.de/bsvwvbund_21072009_O11313012.htm, zuletzt geprüft am 06.04.2017.

Pfeil, Patricia (2005): Geschlecht und Polizei. Eine empirische Untersuchung. Dissertation. Universität Bielefeld, Bielefeld. Fakultät für Soziologie.

Schiller, Johannes (2016): Frauen bei der Polizei. Immer noch wenige Frauen bei der Polizei. MDR Aktuell. Online verfügbar unter http://www.mdr.de/nachrichten/politik/regional/frauen-in-der-polizei-100.html, zuletzt geprüft am 04.04.2017.

Teigeler, Martin (2016): Förderung von Frauen spaltet die Polizei in NRW. WDR. Online verfügbar unter http://www1.wdr.de/nachrichten/frauenquote-polizei-100.html, zuletzt geprüft am 04.04.2017.

Weihmann, Robert (2009): Frauen und Männer. Auch in der Polizei. Zehn Jahre "Gender Mainstreaming". In: FHöV-Aktuell, zuletzt geprüft am 04.04.2017.

Wentz, Uwe Volker (o.J.): Die Entwicklung des Polizeibegriffs vom Mittelalter bis zum Nationalsozialismus. Online verfügbar unter http://www.smixx.de/ra/Links_F-R/Polizeibegriff.pdf, zuletzt geprüft am 05.04.2017.

Ingram Content Group UK Ltd.
Milton Keynes UK
UKHW010839180723
425342UK00004B/191